문학과지성 시인선 313

의자
이정록 시집

문학과지성사

문학과지성사에서 펴낸 이정록의 시집

풋사과의 주름살(1995)
버드나무 껍질에 세들고 싶다(1999)

문학과지성 시인선 313
의자

초판 1쇄 발행 2006년 3월 3일
초판 14쇄 발행 2024년 8월 9일

지 은 이 이정록
펴 낸 이 이광호
펴 낸 곳 ㈜문학과지성사
등록번호 제1993-000098호
주   소 04034 서울 마포구 잔다리로7길 18(서교동 377-20)
전   화 02)338-7224
팩   스 02)323-4180(편집)   02)338-7221(영업)
전자우편 moonji@moonji.com
홈페이지 www.moonji.com

ⓒ 이정록, 2006. Printed in Seoul, Korea

ISBN 89-320-1673-3 03810

이 책의 판권은 지은이와 ㈜문학과지성사에 있습니다.
양측의 서면 동의 없는 무단 전재 및 복제를 금합니다.

지은이는 2005년 한국문화예술진흥원이 지원한 창작지원금을 수혜했습니다.

문학과지성 시인선 313
의자
이정록

2006

시인의 말

나무는 골치 아픈 생각을
몸통과 뿌리에다 디밀었습니다.
갈수록 밑동과 뿌리는 검고 우툴두툴해졌습니다.
나쁜 생각이 내려가는 나무 안창은
방고래처럼 까매졌습니다.
몸 안에 검은 허공을 품은 까닭으로
우듬지의 꽃과 이파리는 아름다이 피어나고
여린 가지도 하늘로 시원스럽게 뻗어나갔습니다.
그곳에는 오래 여문 생각이
씨앗으로 웅크리고 있었습니다.

2006년 봄
이정록

의자

차례

시인의 말

제1부 쥐눈이별

어린 나무의 발등　9
의자　10
목련나무엔 빈방이 많다　12
딱 한 상자　14
햇살의 經文　16
웅덩이　17
지금 저 앞산 나뭇잎들이 반짝반짝 뒤집어지는 이유는　18
비 그친 뒤　20
꽃물 고치　21
산 하나를 방석 삼아　22
반달　24
햇살은 어디로 모이나　26
신의 뒤편　28
뒷짐　30
쥐눈이별　31

제2부 머리맡에 대하여

촛불들　35

물끄러미에 대하여　36
잠자리의 지도　38
옻나무 젓가락　40
겉봉에만 쓰는 편지　42
옷　44
여린 나뭇가지로 고기를 굽다　46
머리맡에 대하여　48
좋은 술집　52
나무젓가락의 목덜미는 길고 희다　54
결　56
푸른 욕　58
산굼부리　60
못 자국을 따라서　62
유모차는 힘이 세다　64

제3부 더딘 사랑

더딘 사랑　67
구부러진다는 것　68
꽃벼슬　70
나무도 가슴이 시리다　72
해삼의 눈　74
소똥 이야기　76
울컥이라는 짐승　78
폐경기　80
우표　82
첫눈　84

여인숙에서의 약속 86
애인 88
나무의자 90
겨울밤 92
고드름 94

제4부 햇살의 손목

콩나물 97
황태 98
回春 100
天葬 102
세숫대야 104
주름살 사이의 젖은 그늘 107
졸음 108
단무지 110
개도 브래지어를 찬다 112
햇살의 손목 113
열매를 꿈꾸는 새 114
대통밥 116
손님 118
가을비 120
行山에 가면 122
풀뿌리의 힘 124

해설 | 따뜻한 구상(具象)·이혜원 125

제1부 쥐눈이별

어린 나무의 발등

잘려나간 발가락에
새끼줄 양말을 동이고
비닐 덧신을 신은 어린 나무들
꽃샘추위의 발원지는 여기 묘목 시장이다
단감나무인 걸 누가 모르는가
가지에 단감을 매달아 놓았다
코팅된 목련꽃 사진이 영정처럼 걸려 있다
저도 마음 불편한가, 철사 꼭지며
나일론 탯줄이 찬바람을 외로 꼰다
언 발등에 오줌을 지리는지
진저리 치는 묘목들, 축 환영
길 건너 초등학교 입학식
플래카드도 덩달아 몸서리 친다
추위란 게 무언가
이른 봄에 늦가을을 보여줘야 하는 것
한두 살짜리의 어깨가
서른이나 마흔 살의 짐을 지고 있는
그 푸른 멍 자국 아닌가

의자

병원에 갈 채비를 하며
어머니께서
한 소식 던지신다

허리가 아프니까
세상이 다 의자로 보여야
꽃도 열매도, 그게 다
의자에 앉아 있는 것이여

주말엔
아버지 산소 좀 다녀와라
그래도 큰애 네가
아버지한테는 좋은 의자 아녔냐

이따가 침 맞고 와서는
참외밭에 지푸라기도 깔고
호박에 똬리도 받쳐야겠다
그것들도 식군데 의자를 내줘야지

싸우지 말고 살아라
결혼하고 애 낳고 사는 게 별거냐
그늘 좋고 풍경 좋은 데다가
의자 몇 개 내놓는 거여

목련나무엔 빈방이 많다

목련꽃 환한
낡은 기와집

나무 대문 앞에
弔燈이 걸려 있다

할아버지가 숨을 놓자
혼자 살던 집에 사람 북적인다

저렇게
食口가 많았던가

가까이 다가서니
언제부터 펄럭였나
빛바랜 달력 한 장

   빈방 잇슴
  보이라 절절 끄름

목련나무의 빈방 안에서
哭소리 새어 나온다

건을 벗어
問喪하는 목련꽃 이파리들

딱 한 상자

스티로폼 상자 위로
물뿌리개 같은 저녁 햇살이 번지네
골목길 담을 따라 열무와 고추와 졸과 상추 상자들
그 중 한 상자엔 채송화며 봉숭아꽃이 피어 있네
채소의 푸른 이파리를 건너온 나비가 꽃송이에 앉아 있네
먹다 놀다 심심하면 종아리에 꽃가루도 매달고
푸성귀 위를 날아갈 것이네 나비나 아주머니나
채소를 거쳐야 꽃송이로 갈 수 있네
두보라면 '푸성귀가 푸르니 나비 더욱 희다'라고
먹물 찍었을 것이네 나는 일곱 상자 모두
풋것을 심지 않은 마음에다 오래 팔짱을 끼네
몽땅 꽃밭이었다면 골목은 더 누추했을 것이네
몽땅 채소였다면 열무 이파리처럼 잔가시 돋아났을 것이네
일곱 상자 가운데 딱 한 상자, 배냇니처럼 눈부시네
가로등마다 천천히 봉숭아 물이 고이고 있네
방금 빨아놓은 젖은 운동화가

벽돌담 위에서 물방울을 내려놓네

햇살의 經文

　날고 싶은 것들이 죽어 흙이 되면 기왓장으로 태어난다
　절 마당 가득한 저 기왓장들은 곧 하늘로 날아오를 것이다 새를 꿈꾸던 영혼의 깃털마다 가족 이름과 골목길 복잡한 주소들이 적혀 있다 커다란 새 한 마리가 갈비뼈 뒤편에 업장을 서려 물고 있는 것이다
　날고 싶던 것들의 극락왕생에 낙서하지 마라 목어처럼 텅 빈 새의 뱃속에 알처럼 웅크리고 있다가, 법당문이나 환하게 열어젖혀라 그리하여 그 새 똥구멍으로 들이치는 찬란한 햇살에 눈이나 부비거라

웅덩이

바람이 거세어지자, 자장면
빈 그릇을 감싸고 있던 신문지가
골목 끝으로 굴러간다, 구겨지는 대로
제 모서리를 손발 삼아 재빠르게 기어간다
웅덩이에 빠져 몸이 다 젖어버리자
그제야 걸음을 멈추고 온몸을 바닥에 붙인다
스미는 것의 저 아름다운 안착
하지만 수도 없이 바퀴에 치일 웅덩이는
흙탕물을 끌고 자꾸만 제 안으로 들어갈 것이다
먼 반대편으로 뚫고 나가려는 웅덩이에게
흙먼지와 신문지가 달려가고
하늘이 파스처럼 달라붙는다
자신의 몸 어딘가에서 손발을 끄집어내어
허방을 짚고 나올 때까지, 삶이란 스스로
지푸라기가 되고 신문지가 되어 굴러가야만 하는 것을,
흙먼지를 밀치고, 파르르
제 몸을 들여다보는 하늘의 눈

지금 저 앞산 나뭇잎들이 반짝반짝 뒤집어지는 이유는

갓 깨어난 새들과 시소 놀이 해봤냐고
어린 나뭇가지들이 우쭐거리기 때문이다
잠든 새들 깨우지 않으려
이 악문 채 새벽바람 맞아본 적 있냐고
젊은것들이 어깨를 으쓱거리기 때문이다
겨울잠 자는 것들과는 술래잡기하지 말라고
굴참나무들이 몇 달째 구시렁거리기 때문이다
지금 저 앞산 나뭇잎들이 반짝반짝 뒤집어지는 이유는
고물고물 애벌레들 발가락에 간지러워 죽겠는데
꽃까지 피었으니 벌 나비들의 긴 혀를 어쩌나
이러다 가을 되면 겨드랑이 찢어지는 것 아니냐며
철부지들이 열매 걱정을 하기 때문이다, 그 허튼 한숨 소리에
다람쥐며 청설모들이 입천장 내보이며 깔깔거리기 때문이다
딱따구리한테 열 번도 더 당하곤
목젖에 새알이 걸려 휘파람이 샌다고

틀니를 뺐다 꼈다 하는 늙다리 소나무 때문이다
딱따구리는 키스를 너무 좋아해, 나이테깨나 두른
고목들이 삭정이 부러지게 장단을 놓기 때문이다
지금 저 앞산 나뭇잎들이 반짝반짝 뒤집어지는 이유는
새와 벌레들에게 수만 번 잠자리를 내어주고
사람의 집으로 끌려간 기둥이며 장작들, 그 폐가에
새로 들어온 인생 하나가 마루를 닦고 있기 때문이다
젊어 어깃장으로 들쳐 멘 속울음의 나이테를
제 삭정이로 어루만지고 있기 때문이다
걸레를 쥔 사람의 손을 새 발가락인 줄 잘못 알고
눈빛 반짝이는 문지방이며 마루의 나뭇결들
그걸 나뭇잎들이 손뼉 치며 흉내 내기 때문이다
도대체 몇 년 만에 만나는 굴뚝 연기냐고
아무것도 모르는 어깨 너머 뒷산들이
폐광의 옆구리를 들쑤시기 때문이다
좌충우돌, 폐광 속 박쥐들이
날아다니기 때문이다

비 그친 뒤

 안마당을 두드리고 소나기 지나가자 놀란 지렁이 몇 마리 서둘러 기어간다 방금 알을 낳은 암탉이 성큼성큼 뛰어와 지렁이를 삼키고선 연필 다듬듯 부리를 문지른다

 천둥 번개에 비틀거리던 하늘이 그 부리 끝을 중심으로 수평을 잡는다 개구리 한 마리 안마당에 패대기친 수탉이 활개치며 울어 제끼자 울 밑 봉숭아며 물앵두 이파리가 빗방울을 내려놓는다 병아리들이 엄마 아빠 섞어 부르며 키질 위 메주콩처럼 몰려다닌다

 모낸 무논의 물살이 파르라니 떨린다 온몸에 초록 침을 맞은 하늘이 파랗게 질려 있다 침 놓은 자리로 엄살엄살 구름 몇이 다가간다 개구리 똥꼬가 알 낳느라고 참 간지러웠겠다 암탉이 고개를 끄덕이며 무논 쪽을 내다본다

꽃물 고치

아파트 일층으로 이사 와서
생애 처음으로 화단 하나 만들었는데
간밤에 봉숭아 이파리와 꽃을 죄다 훑어갔다
이건 벌레나 새가 뜯어먹은 게 아니다
인간이다 분명 꽃피고 물오르기 기다린 노처녀다
봉숭아 꼬투리처럼 눈꺼풀 치켜뜨고
지나는 여자들의 손끝을 훔쳐보는데
할머니 한 분 반갑게 인사한다
총각 덕분에 삼십 년 만에 꽃물 들였네
두 손을 활짝 흔들어 보인다
손끝마다 눈부신 고치들
나도 따라 환하게 웃으며 막 부화한
팔순의 나비에게 수컷으로 다가가는데
손가락 끝부터 수의를 짜기 시작한 백발이
봉숭아 꽃 으깨어 목 축이고 있다
아직은 풀어지지도 더 짜지도 마라
광목 실이 매듭으로 묶여 있다

산 하나를 방석 삼아

단풍나무 아래에
돼지머리가 버려져 있다

돼지는 일생을
서 있거나 누워 지낸다
앉아 있을 경우는, 오직

새끼를 낳은 암놈이
앞발만 세우고 비척거릴 때다

돼지머리는
제대로 한 번 앉아보려고
목덜미 아래를 버린 것 같다

선지피는
단풍잎이 다 들이마셨나

도끼가 지나간 자리로

산 하나를 꿰차고 있다

잘린 목으로
일찍 떨어진 낙엽을
어루만지고 있다

반달

이사를 가야 한다

해 짧은 겨울 저녁
지붕 위에
식구들 운동화를 빨아 널었다

저도 가고 싶었나
뒤꿈치 쪽에 반달 하나씩
얼음으로 웅크리고 있다

날 밝으면 같이 가자
안방 아랫목에 신문지 요를 깔아주자
스르르, 오줌까지 싸버렸다

젖은 몸에
시장기나 앉히고 길마중 나갔나
울상이 된 신문지 위에
생고구마 껍질이 놓여 있다

고구마 껍질에도
눈길 위에도, 새벽
달빛이 서려 있다

저도 따라가려고
고구마 한 조각,
앞산 위에 떠 있다

햇살은 어디로 모이나

눈도 녹지 않았는데
어찌 그리 양달을 잘 아시는가
나물을 뜯으려고 바구니를 내려놓은 자리
거기다, 그곳이 햇살의 곳간이다
갈퀴 손으로 새순을 어루만지자
오물거리던 햇살이 재게 할머니의 등에 오른다
무거워라 포대기를 추스르자
손자 녀석의 터진 볼에 햇살이 고인다
엄마 잃은 생떼의 입술이 햇살의 젖꼭지를 빤다
햇살의 맞은편, 그러므로 응달은
할머니의 숯검댕이 가슴 쪽에 서려 있다
늘그막에 핏발 서는 빈 젖꼭지에 있다
항아리 숫돌에 녹물을 지운 나물 칼
응달은 자신의 남은 빛을 그 칼날에다 부려놓고
방금 새순을 바친 풀뿌리로 스며든다
우글거리던 햇살의 도가니, 그 밑자리로
응달은 겨울잠 자러 가는 실뱀처럼 꼬리를 감춘다
양달은 지금 어디에다 아랫목을 들였나

아기가 갑자기 제 트림에 놀라 운다
아기의 뱃속 어딘가에서
빙벽 하나 무너져내렸는가

신의 뒤편

구두 뒤축이
빛난다, 지가 무슨 신이라고
배광을 꿈꿨을까마는
신의 바람이란 발가락처럼 오순도순
어둠과 고린내 속에서도
온 힘으로 떠받드는 것 아니겠는가
상가에 놓인 뒤축 꺾인 내 구두는
이 방 저 방 쉼 없이 돌아다닌다
문이 활짝 열려 있기 때문이다
문지방처럼 빛나는 뒤축은
몸의 출입을 막지 않는다
순례와 전도의 삶은, 낡은 구두처럼
자신의 문패를 지워야 한다
멀거니 닳은 뒤축을 내려다보니
신의 턱선을 닮은 듯도 하다
막힘이나 가둠이 없는 것이
정작 문 없는 큰문이라, 그러니
때가 때를 만나기를 골백번

길이 난다는 것은 빛을 주고받는 것이다
저 혼자 이루는 후광은 없는 것
신은 갈수록 뒷모습이 빛난다

뒷짐

짐 꾸리던 손이
작은 짐이 되어 등 뒤로 얹혔다
가장 소중한 것이 자신임을
이제야 알았다는 듯, 끗발 조이던
오른손을 왼손으로 감싸 안았다
세상을 거머쥐려 나돌던 손가락이
제 등을 넘어 스스로를 껴안았다
젊어서는 시린 게 가슴뿐인 줄 알았지
등 뒤에 두 손을 얹자 기댈 곳 없던 등허리가
아기처럼 다소곳해진다, 토닥토닥
어깨 위로 억새꽃이 흩날리고 있다
구멍 숭숭 뚫린 뼈마디로도
아기를 잘 업을 수 있는 것은
허공 한 채 업고 다니는 저 뒷짐의
둥근 아름다움 때문이 아니겠는가
밀쳐놓은 빈손 위에
무한 천공의 주춧돌이 가볍게 올라앉았다

쥐눈이별

고장 난 보일러를 뜯었다
쥐똥이 수북했다 보일러 돌아가는 소리가
제 심장 박동 소리와 비슷했을까
절약 타이머에 맞춰 불길이 멎을 때마다
고 까만 눈동자는 뭐라고 깜박였을까
어미를 우러르는 새끼들의 눈망울도
별처럼 새록새록 젖어 있었으리라
쥐 죽은 듯이란 얼마나 한심한 말인가
작은 창 너머로 그가 물어 날랐을
차가운 양식과 시린 앞 이빨이 떠올랐다
세간의 전부였던 똥 한 줌 남겨놓고
어디로 갔을까 세상 어딘가에 분명
사람 다 죽은 듯이란 말도 있으리라
불씨를 살리고 있는 추운 별들
점검해야 할 것이 하늘뿐일까
파르라니, 작은 눈망울들

제2부 머리맡에 대하여

촛불들

    종이컵 밑바닥에 십자가를 긋는다. 대대로 칼이 지나간 허공에 십자가가 있었다. 불의 기둥이 십자가의 처녀지를 뚫고 솟구쳤다. 촛불을 밝혀 어둠 속의 나를 드러내는 것이 主다. 내가 세상의 主人이다. 오, 主여! 불기둥을 켠 내 손이 주춧돌처럼 묵직해졌다. 칼의 흔적을 메우려고 골수는 끓어 넘쳤다. 종이컵 밑바닥에 정좌한 수천수만의 하느님, 칼금의 허공을 메우며 흰옷으로 갈아입었다. 몇 십만 년 뜨고 질 해와 달이, 일제히 종이컵 밑바닥에 둥지를 틀었다. 다 타버린 심지가 흑점으로 박히고 십자가는 계수나무 그림자로 누웠다

물끄러미에 대하여

모내기를 마친 논두렁에
왜가리가 서 있다, 이 빠진
무논의 잇몸을 오래도록 바라보고 있다
미꾸라지나 개구리를 잡으려다
어린 벼 포기를 짓밟은 것이다
진창에 처박힌 벼 이파리의 안간힘 때문에
몸살을 앓는 봄 논,
물은 저 떨림으로 하늘을 품는다
하늘을 따라 키 큰 미루나무가 문안 간다
쇠뜨기도 척추 한 마디를 뽑아 수액을 건넨다
물벼룩과 개구리와 어린 모가
가 닿아야 할 밥의 나라, 세상에
써레질을 마친 논만큼 깊은 것이 있으랴
식도를 접고 벌 받듯 서 있는 외발에게
많이 저리냐? 두렁 쪽으로 물결 일렁인다
어린 순 부러지는 줄 모르고 뛰어다니는
발길 사나운 것이 삶이라서, 늘
배부른 다음이라야 깨닫는 나여

물끄러미, 개구리밥을 헤치고
마음속 진창을 들여다본다
눈물 몇 모금의 웅덩이에 흙탕물이 인다
언제 눈물샘의 물꼬를 열고
깊푸른 하늘을 들일 수 있을까
정처만이 흙에 뿌리를 박는 것,
마음 바닥에 물끄러미라고 쓴다
내 그늘은 얼마나 오래도록
물끄러미와 넌지시를 기다려왔는가?
물꼬 소리 도란거리는 마음과
찬물 한 그릇의 눈을 가질 때까지
나는 왜가리 발톱이거나
꺾인 벼 이파리로 살아가겠지만, 끝내
무논의 물결처럼 세상의 떨림을 읽어내기를
써레처럼 발목이 젖어 있기를

잠자리의 지도

 잠자리가 물의 거죽을 집었다 놓았다 하는 것을 사람들은 목욕하는 거라 말한다. 하지만 그 누가 짐작하겠는가. 물속에서 학배기*로 살던 그가 제 옛집의 닫힌 문을 두드리고 있다는 것을. 그러니 불어난 물살을 차며 건너오는 사람들도, 날개만을 꿈꾸던 애벌레의 간절함을 간직하고 있는 게 아닐까. 잠자리들이 돌아가야 할 자신의 옛길을 양 날개에 쑤셔 넣고 날아다니듯, 사람의 핏줄 또한 오래된 약도가 아닐까. 이제 야영은 죽어도 하지 않을 거야. 어서 빨리 집으로 돌아가고 싶어. 외줄에 매달려 다짐하고 다짐하듯, 날개가 지느러미였으면 좋겠어. 잠자리는 눈물 보석 같은 머리통을 자꾸만 갸우뚱거리는 게 아닐까. 잠자리의 눈 속에는 천 리 물길에 대한 정밀 지도가 들어 있다. 하지만 제 눈으로 제 눈을 들여다볼 수는 없는 것, 동서남북도 없는 날개의 약도만 보고 또 본다. 갸우뚱거리는 것만이 생의 전부가 돼버렸다고 저물도록 발길질을 해댄다. 온몸에 술을 채워야만 지느러미를 꺼내는 사람들, 어둔 골목길을 흐느적흐느적 헤엄쳐 와서는 간혹 물의 문에 헛발질을 한다. 밤새도록 쌍심지를 돋워 놓았는가. 아침까지 두 눈이 벌겋게 켜져 있다.

 * 학배기 : 잠자리의 애벌레.

옻나무 젓가락

십 년도 더 된 옻나무 젓가락
짝짝이다. 이것저것 집어먹으며 한쪽만 몰래 자랐나? 아니면
한쪽만 허기의 어금니에 물어뜯겼나?

어머니, 이 젓가락 본래부터 짝짝이였어요? 그럴 리가. 전 그럴 리가가 아니고 전주 이간데요. 저런 싸가지를 봐. 같은 미루나무라도 짧은 쪽은 네 놈 혓바닥처럼 물 질질 흐르는 데서 버르장머리 없이 크다가 물컹물컹 제 살 아무 데나 쓸어 박은 것이고, 안 닳은 쪽은 산 중턱 어디쯤에서 나마냥 조신하게 자란 게지. 출신이 모다 이 어미라도 동생들 봐라. 물컹거리는 녀석 있나? 장남이라고 고깃국 먹여 키웠더니, 뭐? 그럴 리가가 아니고 전주 이가라고? 배운 놈이 그걸 농이라고 치냐? 젖은 혓바닥이라고.

저녁밥 먹고
어머니와 나란히 바깥마당으로 나오며

짝짝이 젓가락처럼 발끝 머리끝을 맞춰보는데
솥바닥을 뚫고 나가 불길이 되고 싶었나?
서러워라, 어머니 쪽에서 불내가 솟구친다.
숟가락 내동댕이치고 서둘러 떠난 식구들
저 밤하늘 어디에서 늦은 저녁밥을 먹고 있나?
녹슨 양철 지붕 위로 옻칠 부스러져 내린다.

겉봉에만 쓰는 편지

편지를 멀리한다 싶어
편지 봉투를 한 꾸러미 사놨건만,

편지는 쓰지 않고 부의 봉투로 다 써버렸다. 흰 종이 띠만 남았다. 이곳을 빠져나간 봉투는 아무도 본인 답장이 없었구나. 그가 남긴 一家가 인쇄된 영수 통지나 보내왔구나

갈수록 賻儀란 한자가 반듯하게 써진다. 꼿꼿하게 잘 나온다.* 쓰는 김에 몇 장 더 써놓을까? 흠칫 놀랄 때 많아졌다. 편지 봉투를 묶고 있던 종이 띠에, 수갑처럼 양손을 끼워 넣는다. 손가락도 묶지 못하고 툭 끊어진다. 슬픔이나 설렘 없이 편지 봉투를 꺼내는, 내 손에서 屍臭가 났다

편지 봉투가 떨어져서 공무용 흰 봉투에 쓴다. 봉투 가장자리에 남빛 지느러미가 인쇄돼 있다. 亡者는 지금쯤 어느 먼 바다를 헤엄치고 있을까, 문득 공용 봉

투가 수족관처럼 느껴진다

  죽어
  賻儀로나 한 번
  돈 봉투를 받는구나
  그것도 관용 봉투로 받는구나

  봉투만 보고도 뜨끔하지나 않을까. 영정 안의 눈초리를 피해 부조함에 넣는다. 부조함 안에서 물방울 소리가 난다. 어망에 든 조기 떼처럼, 부조함 속에서 살 비비고 있을 흰 봉투들. 火葬을 마치고 물속에 들면 비늘 좋은 조기나 될거나. 새벽 세 시, 상주 먼저 지느러미를 접고 바닥에 눕는다

  지하 영안실이 물 빠진 수족관 같다
  화투 패처럼 가라앉는 남은 자의 비늘들

  * 정진규의 시 「나의 봉투쓰기」에서 빌림.

옷
──이문영에게

집을 뛰쳐나온 열세 살 때
그는 시다였다 양복점 조수였다
재단대에서 꼽추 잠을 잤다
그렇게나 입고 싶었던 교복과
교련복에 단추를 달았다
피기도 전에 구겨진 청춘에 다림질했다
그가 재단하고 남긴 자투리 종이에
나는 수학 문제를 풀고 시를 쓰고 연애편지를 썼다
가위질 된 종이에는 초크 자국과
연필 자국이 선명했다 간혹 핏방울도 찍혀 있었다
그 초크 자국과 연필 선이 모여
사람의 길이 되리라 악수를 건넸던가
치수를 재던 대나무 자가 가로등으로 서리라
그의 어둠과 그늘을 믿었던가
어린 가슴에 심어뒀던 살얼음의 꿈들을
성냥불처럼 조마조마 지켜온 나날들
그 옛날 야근하며 꿰맸던 옷들이
지금은 낡고 해져 버림받았다고 해도

그 옷들이 땀으로 범벅이 되며
세상을 세웠다고 믿는다, 그는
골무처럼 아픈 손끝을 믿는다
옷은 제 상처로 사람을 철들게 한다
한 땀 한 땀 옷을 꿰매던 사람
누더기 많은 어둔 세상에
등 하나 내다 건다 (그의 나이 마흔세 살, 오늘은
그가 장애인 후원회장으로 취임하는 날이다)
불꽃은 작고 바람은 차다
그의 손 곁으로 수많은 손들이 다가와
더불어 작은 불빛을 감싸 안는다
그러자 불꽃 심지가 허공에다 쓴다
세상의 하느님은 언제나
시다다 조수다 기레빠시다

여린 나뭇가지로 고기를 굽다

논바닥을 메워
사과나무를 심은 친구에게 놀러간다
젊은 나이에 작파를 겪은 사과 껍질과
삼겹살을 구워먹으러 간다

옮겨 심은 지
일 년 만에 가지치기를 하니
마음에 다시 칼날이 서데
철망에 달라붙는 고기를 뒤집는다

오도독뼈 박힌 놈이 맛도 좋은 겨
실패라는 게 삼겹살 같은 거지
흠칫 소주를 들이붓는데, 철망 아래
첫 가지치기로 잘려 나온 여린 가지들
잎눈 꽃눈부터 스러진다

삶의 불길은
싹눈부터 잡아먹으려 하지

우리들 몸엔 웃자란 싹수가 무성치 않은가
가지째 던져주는 거지 뭐

하루저녁,
과수원도 논도 아닌 곳에
뿌리를 내려보는 잡목 위로
삼삼하게 달은 떠오르는데

저 달은 얼마큼의
가지치기를 겪은 열매인가
저 별들은 얼마나 멀리
달아난 톱밥들인가

머리맡에 대하여

1

손만 뻗으면 닿을 곳에
머리맡이 있지요
기저귀 놓였던 자리
이웃과 일가의 무릎이 다소곳 모여
축복의 말씀을 내려놓던 자리에서
머리맡은 떠나지 않아요
아무 말도 떠오르지 않던 첫사랑 때나
온갖 문장을 불러들이던 짝사랑 때에도
함께 밤을 새웠지요 새벽녘의 머리맡은
구겨진 편지지 그득했지요
혁명시집과 입영 통지서가 놓이고 때로는
어머니가 놓고 간 자리끼가 목마르게 앉아 있던 곳
나에게로 오는 차가운 샘 줄기와
잉크병처럼 엎질러지던 모든 한숨이 머리맡을 에돌아 들고났지요
성년이 된다는 것은 머리맡이 어지러워지는 것

식은땀 흘리는 생의 빈칸마다
머리맡은 차가운 물수건으로 나를 맞이했지요
때론 링거 줄이 내려오고
금식 팻말이 나붙기도 했지요

2

지게질을 할 만하자/ 내 머리맡에서 온기를 거둬 가신 차가운 아버지/ 설암에 간경화로 원자력병원에 계실 때/ 맏손자를 안은 아내와 내가 당신의 머리맡에 서서/ 다음 주에 다시 올라올게요 서둘러 병원을 빠져나와 서울역에 왔을 때/ 환자복에 슬리퍼를 끌고 어느새 따라오셨나요/ 거기 장항선 개찰구에 당신이 서 계셨지요/ 방울 달린, 손자의 털모자를 사 들고/ 세상에서 가장 추운 발가락으로 서울역에 와 계셨지요/ 식구들 가운데 당신의 마음이 가장 차갑다고 이십 년도 넘게 식식거렸는데/ 얇은 환자복 밖으로 당신의 손발이 파랗게 얼어 있었죠/ 그 얼어붙은 손발, 다음 주에 와서 녹여드릴게요/ 그 다음 주에 와서/ ,/ 그,/ 그 다음 주에 와서 녹여드릴게요/ 안절부절이란 절에 요양 오신 몇 달 뒤/ 아, 새벽 전화는 무서워요/ 서둘러 달려가 당신의 손을 잡자/ 누군가 삼베옷으로 꽁꽁 여며놓은 뒤였지요

3

이제 내가 누군가의 머리맡에서
물수건이 되고 기도가 되어야 하죠 .
벌써 하느님이 되신 추운 밤길들
쓸쓸하다는 것은 내 머리맡에서
살얼음이 잡히기 시작했다는 거죠 그래요
진리는 내 머릿속이 아니라
내 머리맡에 있던 따뜻한 손길과 목소리란 것을
알고 있지만 말이에요 다음 주에 다음 달에

내년에 내후년에 제 손길이 갈 거예요
전화 한 번 넣을게요 소포가 갈 거예요 택배로 갈 거예요
울먹이다가 링거 줄을 만나겠지요
금식 팻말이 나붙겠지요
내가 한 번도 해보지 못한 기도 소리가
내 머리맡에서 들려오겠지요 끝내는
머리맡 혼자 남아 제 온기만으로 서성이다가
가랑비 만난 짚불처럼 잦아들겠지요
검은 무릎을 진창에 접겠지요

좋은 술집

　내 꿈 하나는 방방곡곡 문 닫은 방앗간을 헐값에 사들여서 술집을 내는 것이다 내 고향 양지편 방앗간을 1호점으로 해서 '참새와 방앗간'을 백 개 천 개쯤 여는 것이다 그 많은 주점을 하루에 한 곳씩 어질어질 돌고 돌며 술맛을 보는 것, 같은 술인데 왜 맛이 다르냐? 호통도 섞으며 주인장 어깨도 툭 쳐보는 것이다

　아직도 농사를 짓는 칠순 노인들에겐 공짜 술과 안주를 올리고 가난한 농사꾼의 자식들에겐 막걸리 한 주전자쯤 서비스하는 것이다 밤 열 시나 열두 시쯤에는 발동기를 한 번씩 돌려서 식어버린 가슴들을 쿵쾅거리게도 하고, 조금은 슬프기도 하라고 봉지 쌀을 나눠주는 것이다 마당엔 소도 두어 마리 매어놓고 달구지 위엔 볏가마니며 쌀가마니를 실어놓는 것, 몰래 가져가기 좋도록 쌀가마니나 잡곡 가마니에 왕겨나 쌀겨라고 거짓 표찰도 붙여놓는 것이다

　하고많은 꿈 중에 내 꿈 하나는, 오도독오도독 생쌀

을 씹으며 돌아가는 서늘한 밤을 건네주고 싶은 것이
다 이미 멈춰버린 가슴속 발동기에 시동을 걸어주고,
어깨 처진 사람들의 등줄기나 사타구니에 왕겨 한 줌
집어넣는 것이다 웃통을 벗어 달빛을 털기도 하고 서
로의 옷에서 검불도 떼어주는 어깨동무의 밤길을 돌려
주고 싶은 것이다 논두렁이나 자갈길에 멈춰 서서 짐
승처럼 울부짖게 하는 것이다

나무젓가락의 목덜미는 길고 희다

자장면 빈 그릇에
신문지가 덮여 있다
밀려난 것끼리는 궁합이 잘 맞는다
세상의 무게가 궁금한가
눈발을 치고 온 똥개 한 마리가
신문지 한가운데를 혀로 녹인다
한나절 만에 밖을 내다보는 나무젓가락
빈 그릇이나 신문지 모두
차갑게 식은 찌꺼기뿐임을
겨울바람이 건성으로 들추고 있다
혀를 늘여 면발을 끌어올리는 개
이 순간 개새끼란 욕은 있을 수 없다
신문지 안으로 들어갔던 찬바람이
개의 목젖을 타고 넘는다, 면발 몇 가닥이
곱은 손가락을 녹이리라
아이고 추워라 문이 뜯겨나간
짠한 방 한 칸이 눈송이를 받아먹는다
더 이상 갈 데가 없으므로

오로지 내다볼 뿐인 나무젓가락
긴 목을 어루만지며 눈발들이 주춤거린다
신문지에 달라붙은 개털들
나무젓가락의 긴 목덜미에도
부르르 솜털이 인다

결

철물점에 갔다가
톱날 묶음을 보았다
톱니들이 물결처럼 보였다, 손을 대면
물방울이 튀어 오를 것 같았다
하지만 톱날은 차갑게 얼어붙어 있었다
하는 일이 마음에 들지 않는 눈치였다
누군들 자르는 일에 몸담고 싶으랴
톱날을 어루만지며, 나는
얼음집에 가면 톱으로 엉킨 물을 푼다고 말했다
믹서의 톱날에 대해서도 말해주었다
그러자 이빨을 번뜩이며, 자기는 정말 파도를 닮아서
크게 한 번 출렁이면 천 년 묵은 고목도 순간이라고
으스댔다
누구나 톱날 하나쯤은 악다물고 살아간다고
내가 아는 실패한 친구에 대해 말해주었다
나무가 살집을 오므려 비틀어버리면
너는 토막 난 쇳조각에 불과할 뿐이라고
녹슬 줄밖에 모르는 불쌍한 말년이 될 뿐이라고

타일러주었다, 일생 억눌려 사는 바위도
결만 좋으면 구들장이 될 수 있다고 귀띔해주었다
그러자 톱날에 껴 있던 파도 한 줄기가
내 마음의 얼음장을 톱질하기 시작했다
가슴 깊은 곳에서 물결 소리가 들려왔다
시린 철새의 발가락도 보였다
깃털 속으로 햇살 들이쳤다

푸른 욕

가슴 높이에서
손쉽게 톱질당한 참나무의 나이테 위에
소복하게 흰 눈이 쌓여 있다

욕이 튀어 나올 것 같아
하느님이 마스크를 씌워놓은 것 같기도 하고
대신 사과한다고 거즈를 붙여준 듯도 하다
그러나 다시 보니,

눈을 뒤집어쓰고 있는 참나무 밑동은
남자의 성난 거시기를 빼다 박았다
참나무는 남은 몸 꼿꼿이 세워
욕을 하고 있는 중이었다

핏물 다 빠진 허연 거시기

나는 한 마디 욕이 더 듣고 싶어졌다
새봄, 가운뎃손가락을 세우고

한 줄기 싹으로 건네는 푸른 욕지거리가 보고 싶어졌다

산굼부리*

수십만 년 전에 마그마를 뿜어낸
굼부리의 커다란 구멍인 것을 모를까마는
산굼부리 산굼부리 입에 넣고 읊조리다 보면
산굼이란 커다란 새가 바다를 차고 오를 것만 같다

부리를 한 번 여닫는 데 족히 몇 십만 년이라
용가시나무며 물매화가 새의 혀에서 천수를 누리고
꿩들은 고만큼의 세상에서 둥우리를 튼다
꼼짝도 않던 산굼새가 서귀포쯤
겨드랑이의 깃털을 까닥일 때도 있는데, 그건
목젖 안창에다 뱀이 알을 낳을 때다
그걸 알고 오소리와 너구리가 희번덕거릴 때다

언제 어디서나 사람들은 엿보는 게 업인지라
  부리까지 돌계단을 쌓아올리고 목젖을 들여다보는데
  누군가는 자손만대 그 입장료로 밥을 먹고 유서를
쓴다
  세상의 어떤 새가 턱받이로 자판기를 매달고 있겠는가

하루하루 사람의 눈알만 수천 그릇 받아먹곤
달빛 젖은 후박나무 잎으로 입가심을 한다

돌계단 옆으로 무덤들이 즐비하다
산굼새와 함께 하늘로 가리라, 새 목덜미에
유택을 삼고 돌담까지 둘렀다
억만년이 지나도 산굼부리는
더 이상 불의 노래를 부르지 못하리라
새로운 무덤들이 유산 상속을 마치고 기어드는 한
산굼새의 검은 소름마다
한 구석의 주검이 들이 눕는 한

자판기에 동전이나 들이미는 우리들이
어찌 알리, 새의 물렁뼈와 잇닿은
사람의 뼈마디로도 천년수가 흐른다는 것을
우리들 젖은 눈망울에서
세상의 갈증이 끝장나리라는 것을

* 산굼부리: 제주도의 화산체 분화구 중 하나. 천연기념물 제263호.

못 자국을 따라서

양철 지붕의 녹슨 못 머리를
하눌타리의 덩굴손이
단단히 틀어쥐고 있다

아직은 내려앉을 때가 아니라고
언젠가는 다시 돌아올 거라고
용마루까지 올라와 목 치켜들고 있다

목수는 허방에 못을 치지 않는다는 것을
어떻게 알았을까 양철 지붕 위에선
못 자국을 따라가야 한다는 것을

나보다도 먼저 알았구나 오래된 폐가
골함석을 걷어 내려 올라온 발자국마다
푸른 몸 들이미는 덩굴손들
문드러지는 줄도 모르고 나를 붙잡는다

조심조심 걸어가거라

애들 가르치는 일도 글 쓰는 일도
못 자국 많은 사람을 따라가는 것

손이 눈이란다
깨진 손톱마다 맺혀 있는
하눌타리의 눈물, 그
눈물샘을 오래 들여다본다

유모차는 힘이 세다

새벽에는 생수통을
아침 먹은 다음엔 공병과 종이박스를
가득 채우며 할머니의 유모차가 간다
새로이 태어난다 믿는 한, 저것은 슬픔의 보행이 아니다
유모차를 타기만 하면 껍데기도 알맹이가 될 수 있다
믿는 한, 저 광경은 욕된 노동이 아니다
하지만 유모차를 끌 때가 생의 꽃이라고
할머니의 팔뚝 속 고래심줄에게
껍데기를 뱉어낸 빈 병과 종이박스에게 말할 수 있겠나
빈 박스에 파묻혀 앞이 안 보여도
밤눈 밝은 할머니의 유모차는 골목길을 쓸고 간다
맨 처음 유모차에 앉았던 아기가
구름을 열고 나오는 저 보름달이다
아무렴 그렇지, 그렇고말고!
생수통처럼 철벅거리는 보름달, 아
유모차의 전조등이 먼 하늘에 밝다

제3부 더딘 사랑

더딘 사랑

돌부처는
눈 한 번 감았다 뜨면 모래무덤이 된다
눈 깜짝할 사이도 없다

그대여
모든 게 순간이었다고 말하지 마라
달은 윙크 한 번 하는데 한 달이나 걸린다

구부러진다는 것

잘 마른
풋빛 고추를 다듬는다
햇살을 치고 오를 것 같은 물고기에게서
반나절 넘게 꼭지를 떼어내다 보니
반듯한 꼭지가 없다, 몽땅
구부러져 있다

해바라기의 올곧은 열정이
해바라기의 목을 휘게 한다
그렇다, 고추도 햇살 쪽으로
몸을 디밀어 올린 것이다
그 끝없는 깡다구가 고추를 붉게 익힌 것이다
구부러지는 힘으로 고추는 죽어서도 맵다

물고기가 휘어지는 것은
물살을 치고 오르기 때문이다
그래, 이제, 말하겠다
내 마음의 꼭지가, 너를 향해

잘못 박힌 못처럼
굽어버렸다

자, 가자!

굽은 못도
고추 꼭지도
솟구치는 물고기의 등뼈를 닮았다

꽃벼슬

한식날, 무덤 위
쥐구멍에 꽃다발을 꽂는다
亡者가 딱히 쥐띠여서가 아니라
무덤 안으로 들어간 저 숨길에
꽃밥 한 그릇 바치는 것이다
식성대로 부침개부터 자셨나
입가를 훔친 잔디가 번들번들하다
틀니는 어디다 두고 잇몸만 내보일까
뒤따라온 망자의 아내가
쥐구멍에 술잔을 따른다
빈속이 어지간히 쓰리겠다
잔솔들이 침을 세워 손사래 친다
쥐구멍에 꽃 꽂는 놈이 어딨냐
그래도 새끼들이 술 갖고 올 줄 알고
입을 동그랗게 벌리고 있구나
목메겄다 저 꽃다발이나 뽑아드려라
무덤 안에서 뭔 소리 들려요
그랴 니 불알 많이 컸다고 그런다

살아서는 마을 이장밖에 못 하더니
죽어 벼슬했구나 무덤이 꼭
어사화 꽂아놓은 항아리 같구나
아예 술병을 쥐구멍에 박아놓는다
간만에 술로 목욕한께 시원하것다
돌아앉아 먼 산 바라보는 눈빛이
어둠 속에다 사금파리를 끼워 넣는다

나무도 가슴이 시리다

남쪽으로
가지를 몰아놓은 저 졸참나무
북쪽 그늘진 둥치에만
이끼가 무성하다

아가야
아가야
미끄러지지 마라

포대기 끈을 동여매듯
댕댕이덩굴이
푸른 이끼를 휘감고 있다

저 포대기 끈을 풀어보면
안다, 나무의 남쪽이
더 깊게 파여 있다

햇살만 그득했지

이끼도 없던 허허벌판의 앞가슴
제가 더 힘들었던 것이다

덩굴이 지나간 자리가
갈비뼈를 도려낸 듯 오목하다

해삼의 눈

중국집 안마당,
커다란 플라스틱 물통에 마른 해삼이 담겨 있다 물통은 빛바랜 중국 국기 같다 본국의 햇살에 물기를 다 날리고 가볍게 건너온 해삼들
  타국의 변두리에서 수돗물을 들이켜고 있다

  살아 있을 때보다 훨씬 크게 부풀어 있다
  죽어서도 저렇게 자랄 수 있는 것은 그리움 때문이다
  헤엄쳐 가야 할 방향을 아는 듯 한곳으로만 이마를 모은 해삼들, 백번도 더 죽었다 깨어난 작은 구름 떼가 제 몸에 긴 숨을 불어넣고 있다 헤엄쳐 가는 것보다 날아가는 게 빠르다고 공기주머니를 부풀리고 있다

  야채를 볶는 솥단지에서 파도 소리 밀려온다
  하늘을 향한 해삼들의 원심력과는 상관없이 주방 쪽으로 이동 경로가 잡힌 것이다 주방장이 중국 말로 뭐라고 외치며 목선만 한 도마 위에 해삼을 끌어올린다

칼이 지나간,
구름의 몸통마다 눈망울이 커다랗다
눈알이 있어야 할 자리가 퀭하니 물러 있다
몸통마다 알이 서려 있던 것이다

소똥 이야기

저는 외양간 소똥이에요 사랑의 운명하고 많이 닮아 있죠 무슨 말이냐 하면요 시커멓게 내동댕이쳐진 저도 처음에는 이슬 머금은 푸른 풀잎이었단 거죠 넘실거리는 들녘이거나 옥수수 이파리였다는 거예요 사랑이란 되새김질 같은 것, 곱씹고 곱씹어도 콩깍지가 씌워지면 막창까지 가야 하죠 머릿속이 허구리처럼 우묵해지죠 그렇다고 비틀거리기만 하는 건 아니죠 사랑에 빠지면 열 마지기 논을 써레질하고도 비탈밭 댓 자락쯤은 금세 해치울 수 있죠 힘들어도 괜찮죠 길고 긴 밤이 있으니까요 소똥인 저도 밤이 되면 나를 버린 내 사랑의 엉덩이에 납작 눌린 채 따뜻해지죠 좀 야한 얘기지만 온몸의 무게를 다 받아내야 하죠 사랑의 흔적이라면 엉덩이에 똥딱지를 붙인 채 장에 갔다 와도 좋죠 알아요 사랑이란 것 결국 소똥처럼 고꾸라질 뿐이죠 그래도 괜찮죠 달빛 꿈적이는 젖은 눈망울을 갖게 되었으니까요 뒷발에 차이고 오줌 범벅이 되어도 되새김질할 추억이 생겼으니까 말이에요 쇠 빗으로 북북 떼어낸다 해도, 제가 떨어져나간 자리엔 털도 한 움큼

뽑혀 붉은 상처가 자리 잡겠죠 나는 두엄 무지로 가서 더운 숨 참아내며 봄을 기다릴 거예요 스미는 힘으로 들녘은 다시 푸르러지고 그 들녘으로 뿔 좋은 소 한 마리 땀 냄새 물씬 지나갈 테니까요 그러나 아직은 먼 이야기, 저는 지금 채 식지도 않은 소똥이니까요 사랑의 설렘 모락모락 피어오르는

울컥이라는 짐승

언제 들어왔나, 내 몸에
바닥뿐인 우물을 파놓고 두레박질하는 짐승.
우리 안에선 한 놈이었는데
두 배 세 배 커지며 줄줄이 솟구쳐 나오지.
아홉 마리가 나오면 아흔아홉 마리로 늘어나는
이 울컥이라는 짐승, 하지만
뛰쳐나오자마자 징검돌로 바뀌지.
그래, 그 돌덩어리를 딛고
수십 년 뒤로 돌아갈 수도 있지.
그러나, 한 발자국도 나아갈 순 없어.
한 치 눈앞을 눈물 범벅으로 만들어놓는
이놈의 狼狽. 맞아!
사랑은 울컥이란 짐승의 둥우리지.
굽이치고 깊어지는 것만이 흙탕물의 운명이라,
첫번째 징검돌에 발도 못 얹은 나에게
다시 펄펄 끓는 울화통을 들이미는 당신.
숫된 부끄러움을 가리웠던 내 꼬리뼈 어디쯤
이슬도 말라버린 강줄기를 치고 올라와

기어코 나를 구유 삼은 당신.
목젖 안으로 부젓가락을 쑤셔 넣고
너라는 짐승이 죽으면 내가 살겠지,
울컥거리는 내 사랑의 숨통이여.
등 돌려 아득히, 함께 돌아갈 수 있겠는지.
눈길만으로도 얼굴을 가리던 손, 그 손가락
사이로 새어 나오던 가는 숨결로.
덩굴이라면, 몸 안에
덩굴손이 있는지도 모르던 떡잎 시절로.
慘憺이라면,
설렘도 무섭던 젖몽우리 시절로.

폐경기
―― 閉經期, 廢耕記

씨 뿌리거나 풀을 매다 보면
손톱 끝에 흙물이 끼고 풀물이 듭니다
그러나 저는 물들거나 깃드는 것 다 지나버렸습니다
땅이 떠나니 씨 뿌릴 일도 뽑아버릴 잡초도 없어졌습니다
손잡이 빠진 호미처럼 꼬부라졌습니다, 더 이상의
경작은 없을 것이니 쥐불 놓을 일도 없겠군요
그러니 이제 매운 눈물도 없겠지요
서걱서걱 마른 잎 베어 무는 눈보라
며칠째 그 시린 잇몸에 얼음주머니를 물고 있습니다
하늘 가득 눈 부릅뜨고 날아드는 철새들
당신께 오래도록 스미고 싶었던 내 마음은
저 겨울 철새들 깃털에나 엉겨 붙어 있겠지요
그리움도 설렘도 다 지쳤다는 당신의 노여움을 읽고 나니
그토록 오래 바라본 하늘이 다 꺼져버리는군요
그래요 이제는 마음의 빗장이 잘 닫혔는지
새벽까지 제 늑골만 흔들며 뒤척이겠지요

우수 경칩이 와도 곁눈질로 늦은 아침을 맞겠지요
끝내는 허공 가득한 한숨의 가마니마저 불태워야겠지요
그 한숨의 불티로 쓰인 무수한 말줄임표를
다시는 읽지 못하겠지요, 지쳤다는 것은
모든 것을 지웠다는 거니까요
바닥의 바닥까지 들어냈다는 거니까요
우주 밖까지 드리웠던 당신의 언저리를
언제쯤 당신에게 몽땅 등기 이전 할 수 있을까요
가슴속 식은 재를 퍼내고, 언제쯤
나도 지쳤다고 맞불을 놓을 수 있을까요

우표

우표의 뒷면은
얼어붙은 호수 같다
가장자리를 따라 얼음 구멍까지 뚫어놓았다

침이라도 바를라치면
살갗 잡아당기는 것까지
우표는 쩔걱쩔걱한 얼음판을 닮았다

우표와 마주치면 언제라도
혓바늘 서듯 그대 다시 살아나
지난 몇 십 년의 겨울을 건너가고 싶다
꼬리지느러미 좋은 화염의 추억에 초고추장 찍어
아, 그대의 입천장 들여다보고 싶다

편지 봉투를 불자, 아뜩하게
얼음 깨지는 소리며 빙어 튀어 오르는 소리 올라온다
불면의 딱따구리가 내 늑골에다 파놓은 구멍들
그 어두운 우체통에 답장을 넣어다오

저 얼음 우표가 봄으로 가듯
나의 경계도 소통을 꿈꾼다
우표의 울타리, 빙어 알만 한 구멍들도
반절로 쪼개지며 온전한 한 장의 우표가 된다

우표의 뒷면에 혀를 댄다
입술과 우표가 나누는 아름다운 내통
입맞춤의 떨림이 사금파리처럼 싸하다

그대 얼음장 안에 갇혀 있는 한
성에 가득한 혓바닥, 그 끝자리에
언 목젖을 가다듬는 내가 있다

첫눈

청무 뽑아낸 자리
빗살무늬 토기 속으로
첫눈 내린다

토기 안에 남은
무의 실뿌리, 그 얼어붙은 발가락이 안쓰러워
무밭에 눈은 쌓인다

양손을 모두면
내 오목한 토기, 끊긴 실금 위로도
눈발이 안긴다

이파리 푸른 무가 되어
그대 실뿌리까지 빨아올리던
첫날밤처럼

내 손우물의 첫눈은
촉촉이 젖어든다, 훌쩍이던 밤

그대 작은 샘처럼
붉디붉은 빗살무늬 토기처럼

여인숙에서의 약속

호텔도 아니고 여관도 아니고
주머니 탈탈 털어 여인숙에 들었을 때,
거기서 내가 솜털 푸른
네 콩 꼬투리를 까먹고 싶어
태초처럼 마음 쿵쿵거릴 때,
슬프게도 나는 농사를 생각했다
묻지도 않았는데, 어머니와 함께
농사짓지는 않겠다고 다짐했다
이제 잠 좀 자자고 옆방에서 벽을 찰 때에도
나는 농사가 싫다고 말했다
네가 꼬투리를 붉게 여미고 살풋 잠이 들었을 때에도
밭두둑 콩처럼 살기는 싫다고
슬픈 억척이 싫다고 나는 말했다
담장이나 울타리를 타고 오르는 완두콩도 싫고
일 잘하려면 많이 먹어야 한다며
며느리 밥그릇에 수북이 콩밥을 푸는
어머니를 떠올리는 것도 몸서리쳐진다고 말했다
여인숙 흐린 불빛 아래에서

나는, 사랑한다는 말 대신에
너와 함께 땅 파는 일은 없을 거라고 말했다
화물 열차가 지나가는
철로변 여인숙이었다

애인

천이백세 살 먹은
내 애인 용봉사 마애불은
천 년 넘게 돌이끼를 입고 서 있다
돌이끼의 수명이 삼천 살 정도라니
내 생애에 옷 한 벌 해 입히기는 글렀다

저 돌이끼도 찬찬히 들여다보면
나만큼이나 장난기 실한 녀석이 있다
내 애인의 실소를 꼭 봐야겠다고
콧구멍에다가 터를 잡은 것이다
재채기 소리 한 번 들으려고, 천 년 넘게
코딱지를 간질이고 있는 것이다

어쩌다 속세의 아내와 아이들 앞에다 세우고
본처이자 큰엄마이니 절 올려라 농을 치며,
　잠깐만이라도 애인의 은밀한 곳에다 터를 잡아야겠다고
불경스럽게 불경 몇 구절을 조아리는 것이다

배꼽 언저리 물오른 돌이끼를 어루만지다가
손톱 밑에다, 고쟁이 쪽 실오라기 한 올 심어 오는 것이다

그래 엄지손톱이 이제 용봉사 마애불이다
손톱 밑에 옮겨 온 이끼 한 뿌리
콧구멍 속에다 디밀어 놓고는, 나도
천 년쯤 재채기를 참아볼까나
마애불처럼 슬며시 웃어도 보는 것이다

나무의자

나무의자는

날개로 바닥을 짚고 있는

여자다, 나이테마다 새가 갇혀 있다

새 울음소리로 적금을 붓는 여자

피멍의 울대에서 적금을 빼돌리고

대못을 치지 않았는가, 비스듬 걸터앉은

빈 둥우리에서 못대가리가 치민다

울음소리 그득한 통장엔 만기가 없다

낡은 의자 안으로 짐승들이 들이쳤는가

녹물 흥건한 날개로 바닥을 치는 여자

달아날 듯 비껴 앉은 생의 허우대들

그 등짝 절벽만 어둡게 바라보는

나무여자, 새소리마저 잦아드는

겨울밤

보일러를 녹이려고 옥상에 오른다.

하루 내내 이가 시리도록 일한 빨래집게들. 서걱거리는 옷가지들을 다 건네주고 빨랫줄 한가운데에 모여 있다. 빨랫줄에도 아랫목이 있나? 오목하게 모두 모여 찬바람을 비끼고 있다. 언 뼈를 부닥뜨리며 겨울밤을 건너가고 있다.

손전등을 밤하늘에 비춘다. 어리둥절 비틀거리던 기둥 하나가 허공에 선다. 그 불기둥을 따라 추운 별들이 내려온다. 내가 저 보석 지붕을 받들고 선 주춧돌이다. 별도 달도 다 따주겠다던 약속이 있었지, 한 사내가 쓴웃음으로 계단을 내려온다.

아이 방 한가운데 작은 이불 속에도 빨래집게 같은 다리들이 아랫목을 만들고 있다.
차갑지? 내 시린 무릎을 디민다.
별꼴이야.

별꼴이라고? 그렇지. 가족이 무릎을 맞대면 별꼴이 되지.

그 누가 빨래집게들의 가슴마다 목걸이 하나씩을 채워줬나? 깊은 밤 한 사내가 누군가의 목덜미를 쓰다듬는다. 빨래집게는 그 팽팽한 철사 목걸이의 힘으로 이 악물고 일만 하나?
끄응, 별꼴이 돌아눕는다.
기름 떨어진 보일러처럼, 거칠게 바람이 빠진다.

고드름

겨울 숲의 명물은 고드름이다

겨울잠에 든 뿌리들이 궁금해 눈길 길게 내밀었다가 얼어붙은 것이다 눈이 짓무른다는 것, 겨울 햇살에 저 고드름 녹는 걸 보면 알 수 있다 눈물만으로 기척을 보내다가 몸을 던져 언 땅을 찍는 녀석도 있다 잠시 숨 놓은 마비의 시간을 온몸으로 읽어내려는 것, 그 마음 졸임이 명물을 낳는다 짓무른 눈자위를 어루만지려 햇살도 겨울 숲으로 뛰어든다 저 뜨거운 눈길에 마음 녹여본 적이 있는가

내 몸에 들어와 내 안에서 마비된 사랑에 짓물러본 적 있는가
고드름처럼 발등 찍어본 적 있는가

제4부 햇살의 손목

콩나물

노란 조막손을
머리통 속에 디밀어 넣은 동승들
저 숭엄한 합장
머리를 숙이는 일이
어찌 사람만의 일이겠는가
손등에 파란 핏줄이 돋을 때까지
외발로 서 있으리라 끝내는 지붕이며
주춧돌 다 날려버리고, 스스로
다비식의 젖은 장작이 될
저 빼곡한 법당들

황태
―― 전성태에게

대관령에서 사온 거라며 황태를 한 꾸러미 내놓았다. 입을 쩍 벌리고 있었다. 얼음을 깨고 들어간 일개 소대원들의 함성소리가 들리는 듯했다. 강원도의 힘이 느껴졌다. 그런데 뜻밖에도 중국산이라 쓰여 있었다. 1·4후퇴 때 포로로 잡힌 놈들일까. 마음 같아서는 컴컴한 얼음 계곡에다 처박고 싶었다. 개마고원이나 백두산 어디쯤에서 눈보라를 견딘 북한산이라면 몰라도, 값싼 중국산을, 그것도 국토의 허리뼈에다 황태 덕장인 양 가설무대를 차려놓고 눈속임을 하다니, 판 놈이나 사온 후배나 덩달아 따라온 녀석들이나 괘씸하고 한심하고 측은했다. 하지만, 영하의 날씨에 턱주가리를 부닥뜨리며 이빨을 풀었을 한 사나이와, 그걸 알고도 부릉거리며 따라다니는 푸른 트럭과, 동상에 걸려 있을 몸뻬의 발가락을 생각해보면, 사타구니에 삼팔선이라도 들이친 것처럼 거시기했다. 거시기하고도 거시기한 겨울밤, 방구석에 밀쳐놓은 비닐봉지에서 잠결엔 듯 눈보라 치는 소리 들려왔다. 그 파도 소리에 가만 귀 기울여보니, 대관령 것보다는 내가 먼저 첫눈을 맞았다고, 이래 봬도 바다를 떠난 지 석삼 년은 족히 되었다고, 죽어서 국경을 넘기가 그리 쉬운 줄 아느냐고 구시렁거렸다. 이 시인 나부랭이야, 전쟁을 겪은 나라에서 주검에 대한 예우가 이것밖에 안 되냐고, 예까지 와서 이런 외롭고 가난한 대면식을 해야 되겠냐고 씨부렁거렸다. 자작나무 장작개비 한 두릅, 언제 눈을 다 닫아버렸을까. 성에 가득한 녀석들의 눈을 들여다보다가, 그래도 이놈아. 여기가 어디라고 기어들어 와서 나발거리냐고, 방망이로 흠씬 두들겨 냄비에 처넣었다. 한 움큼 고춧가루도 뿌려주었다. 물이 끓자 고춧가루를 들이마신 핏발 선 눈알들이 날 노려보았다. 눈 내리는 새벽, 무슨 대륙적인 상봉식인가. 중국산 고량주가 연신 축축한 몸을 기울였다.

回春

노인정으로 가는 비탈길
주차된 자동차 바퀴마다
돌 하나씩 악다물려 있다
아파트 화단에서 빼낸 돌들이다
화단 턱이 엉성한 틀니 같다
처음 산에서 내려올 때의 푸른 이끼는
화단 양달에서 하얗게 세었다
하지만 주차선 안의 저 돌들은 검어졌다
타이어가 온 힘으로 염색을 해주었기 때문이다
노인정 안에 놓인 목침처럼 회춘을 한 것이다
꽃밭에 앉아만 있었다면 어찌 저리
머리칼이 검어졌겠는가, 차가 빠져나가면
햇살을 떠받들고 있는 돌멩이들
그간 고생 많았다 싶어 화단의 돌과 바꾸어놓는다
물을 끌어 모으느라 힘에 부쳤는지
막 출석한 돌의 발등이 흥건하다
회춘이란 후진해서는 안 될 비탈
바퀴 아래로 다시 뛰어드는 것이라고

화단으로 돌아온 돌들이 혼잣말을 한다
꽃나무 뿌리에 코를 대고
큰 숨 들이마시는 돌들의 뒤통수가
잘 마른 소똥 거름 같다

天葬

  티베트 라롱 마을의 산꼭대기, 天葬의 시신을 독수리들이 파먹는다. 독수리 발톱 사이로, 손가락 발가락만이 남는다. 가솔들의 양식을 끌어들이고 밥을 짓던 손발에 대한 경배가 아니다, 오로지 밥이 되잖기에 남은 것이다

  손바닥 발바닥에 남아 있는 가는 손금들마저 곱게 빻아서 천장사는 다시 독수리의 뱃속으로 디민다. 머리카락만이 새 둥우리처럼 산정에 남는다. 월간 『지오』 '天葬' 특집을 덮으며 기차에서 내린다

  저 화물 열차며 통일호 새마을호 무궁화호, 지그재그로 정차 중인 열차들은 어느 산정의 독수리들이 뜯다 남긴 손가락 발가락들인가. 뼈마디에서 벌레처럼 사람들이 쏟아져 나온다. 잘게 부수어 다시 독수리에게 건네던 천장사는 동안거에 들었는가. 독수리들도 덩달아 어느 겨울 하늘에 부리를 버리고 있는가. 참새 몇 마리만이 화물 열차의 이마에 앉아 뼈마디를 가다듬는다

손가락 발가락들이 관절을 펴고 서울 쪽으로 부산과 진주와 목포 쪽으로 천천히 기어간다. 티베트 산정 돌 도마에 놓여 있던 손가락 발가락의 일생도 하행과 상행의 반복이었다. 힘에 부치는 짐을 안았다 놓았다 한 것도, 달아오른 부젓가락 위에서 몸 지지며 살아온 것도 한통속이었다

 어느새 빻아놓았나. 시멘트를 나르는 星信洋灰 화물 열차에서 뼛가루가 쏟아진다. 저 뼛가루로 쌓아올린 도시 한복판을 사천성 라롱 마을인 양 올라간다. 돌 도마로 쌓아올린 계단들, 내 가죽 구두 속 탈골한 발가락 어디쯤에서 우두둑 뼈마디를 맞추며 화물 열차가 움직인다

세숫대야

더 주름 잡힐 데가 없다
갈래갈래 힘줄 불뚝거리고 뼈대까지 잡혔다

얼굴이며 손발만 닦아왔다면
어찌 저리 좋은 몸을 가질 수 있겠는가

 새벽 개짐이며 런닝구를 삶을 때마다/ 돼지 입천장처럼 버캐 그어 온 세숫대야/ 식성도 좋아라, 큰일 치르는 날이면 온몸으로 선지피 받아 마시던 세숫대야/ 마지막으로 꽃단장이나 해볼까, 볼이며 사타구니에 송홧가루며 살구꽃잎 발라도 보고 붙여도 보고/ 아프겠다, 이른 새벽 멍든 땡감 그러안던 세숫대야

 연애는 늘그막이 제 맛이지, 농을 치다가도/ 세상에서 가장 슬픈 것은 배 딴 붕어나 피라미, 텅 빈 뱃속을 훑고 나오는 맑은 핏물/ 그 핏물의 느리고 느린 번짐이지/ 짐짓, 그 번짐을 흩어버리는 꼬리지느러미의 떨림이지

태풍 오는 밤, 세상에 나 같은 건 없어져야 해/ 스스로를 메다꽂지 못해 들썩거리다가, 제 몸 날개 삼아 외양간에 처박히던 세숫대야/ 똥오줌으로 철벅철벅 따귀도 맞고, 뒷발에 밟혀 반쯤 죽었다 나오던 세숫대야/ 착하게 살아야지, 햇빛 뜨거운 여름이면/ 헐떡거리는 목숨들에게 맹물 몇 모금 건네곤/ 간지러워라, 싹싹 핥는 개 혓바닥에 키들거리던 세숫대야

　쓸데가 너무 많아서
　우리의 얼굴도 씻어주던 세숫대야

　식구란, 세숫대야를 같이 쓰는 사람/ 돼지 오줌보와 피 묻은 지푸라기가 한 식구고/ 어죽을 끓이는 풍로와, 피라미 내장에 우표처럼 붙어서 수챗구멍을 빠져나가던 살구꽃잎이 한 식구지/ 지푸라기에 재 묻혀 닦던 식구들의 고무신도, 저 허기 안에서 드디어 한 호적이 되는 것이지/ 끝내는 낮고 더러운 데로 가서

거름을 퍼 올리던 세숫대야/ 그래그래, 절 많이 받은 죄로 똥바가지가 되어/ 내 오줌발에 넘어지기도 하고 되받아치기도 하던 세숫대야

  어디로
  날아가버렸는가

  이제 나는,/ 목욕탕 세면기에 코피를 떨어뜨리며, 제 피를 울컥울컥 내어주던 돼지의 서글픈 눈매를 떠올려보는 것인데/ 거울 속의 살진 얼굴을 구겨서 세숫대야의 대찬 주름살을 만들어도 보고, 가슴속의 숫돌과 낫날을 식혀도 보는 것인데

  내장 다 들어낸 뒤에도, 유유히
  제 핏물을 들이켜던 벙벙한 魚眼을
  꿈적여보기도 하는데

주름살 사이의 젖은 그늘

백 대쯤
엉덩이를 얻어맞은 암소가
수렁논을 갈다 말고 우뚝 서서
파리를 쫓는 척, 긴 꼬리로
얻어터진 데를 비비다가
불현듯 고개를 꺾어
제 젖은 목주름을 보여주고는
저를 후려 팬 노인의
골 진 이마를 물끄러미 바라보는데
그 긴 속눈썹 속에
젖은 해가 두 덩이
오래도록 식식거리는
저물녘의 수렁논

졸음

 그의 직장은 터미널 입구다 그가 쥐고 있는 나일론 줄을 넘어야만 주정차할 수 있다 버스가 밀고 오는 공기를 졸음 속에서도 읽을 수 있는 것은 저 끈을 잡기까지 수도 없이 직종을 바꿔왔기 때문이다 바꿀 수밖에 없었던 셋집과 버스 노선과 파란만장 때문이다 우연한 일이었지만 나일론 줄을 생산하는 (주)우남플라스틱에서 일한 적도 있다 이 끈을 놓으면 이제 이승에서 잡을 수 있는 것은 아무것도 없을지 모른다 하지만 저승 문턱에 닿을 때까지 가족이란 보험금 상속자처럼 질겨지는 것, 걱정할 것 없다는 양 끈질기게 졸고 있다 깔려본 적밖에 없는 낡은 소파는 졸음과 함께 흩어져버릴 말똥구리 하나를 앉혀놓고 자신의 생을 마무리하고 있다 세상 밖 어딘가에서 대형 사건이 터졌는가 자동으로 풀리는 그의 손목을 따라 줄넘기 한 번씩 하고 입관이 되는 버스들, 예순일곱에 드디어 그는 합동장례식장에 좌석 하나를 얻은 것이다 그의 졸음 앞에서 경적을 울리는 운전기사는 아직 월급봉투를 받아보지 못한 애송이일 뿐이다 누구나 졸음을 이해하면서

어른이 되는 것이다

단무지

분식집에서 공사장 함바까지
끼니 끼니 공항에서 열차 식당 칸까지
네가 사람들과 가까이 하는 까닭을
다들 싸고 편하기 때문이라 알고 있지만
나는 공부를 잘했기 때문이라고 믿는다
지금 너는 이파리와 잔뿌리 다 떠나보내고
학생부군으로 아름다이 누워 있다 살아생전
다른 무와는 달리 뿌리의 반을 흙 속에 묻고
나머지는 햇살에 맨살 내밀었다 땅 속으로 디민 만큼
하늘 쪽으로 상반신을 들어올렸다 그 힘이다
반달처럼 노랗게 떠올라서 라면에 얹히든지
달빛 기둥처럼 척척 김밥에 궁합을 맞추는 까닭은
흙과 하늘을 절묘하게 끌어안고 있기 때문이다
뿌리 한가운데를 거대한 땅의 거죽이 에돌았기 때문
이다
 광활한 하늘 밑바닥이 제 근본이 어딘지
단 한 줄의 나이테로 표시해놓았기 때문이다
나는 그 도도록한 눈금을 혀로 가늠하며

눈을 감는다 드넓은 무밭에 코를 들이댄 푸른 하늘이
내 가슴 안쪽에다 재채기를 해댄다

개도 브래지어를 찬다

점심시간이 되면
식당은 아이들을 쏙 빨아들인다
심심해진 운동장 한가운데로
어미 개가 강아지 여섯 마리를 데리고 간다
이렇게 넓은 세상도 있단다
이렇게 넓은 세상도 작은 모래알들이 주인이란다
젖통을 출렁거리며 제 새끼들을 가르치고 있지만
새끼들은 자꾸 급식실 식단표
고등어조림에다 코를 들이밀 뿐이다
참고 젖이나 먹자고, 서둘러
운동장을 벗어나 문방구 안마당으로 들어간다
어미 개가 밥그릇에 주둥이를 들이밀자
콩꼬투리처럼 젖통에 매달리는 새끼들
젖을 가리기엔 우리들의 입이 젤 좋지요
뒷발에 힘 모으고 쪽쪽 쪽쪽 젖을 빤다
강낭콩 같은 젖꼭지들이 제 브래지어의 솜털을
흠씬 적셔놓는다, 어미 개만이
브래지어를 찰 수 있다

햇살의 손목

비둘기들이 새우깡을 먹고 있다.
단번에 삼킬 수도 있으련만
땅바닥에 두드려 부러뜨리고 있다.
저 영악한 것들, 이제
흙먼지까지 털어내고 먹네!
비둘기가 떠난 텅 빈 밥상에 다가가 보니
개미들이 부산하다. 먼저 식사 중이던
개미까지도 곁들일 수 있으련만
거참, 탁탁 털어내고 새우깡만 먹다니!
비둘기들이 걸어간 모퉁이 쪽으로 햇살 환하다.
새우깡 안에서 미처 뛰쳐나오지 못한 개미들아.
놀라지 마라, 비둘기 뱃속에서
촉수를 놓고 잠이 들 때까지
햇살이 아장아장 비둘기들을 따라다닌다.
비둘기들의 발목에 감기는
가을 햇살의 손목이 희고 가느다랗다.

열매를 꿈꾸는 새

외발로 서 있는 두루미며 백로들은
끝내 나무가 되라는 유언을 들은 게 분명하다
날갯짓마다 나뭇가지 비비는 소리 서걱거린다

그들의 몸통은 무슨
단 하나의 필사적인 열매 같다
아직은 솜털도 못 벗은 풋것이라고
꽃잎 같은 부리를 열어 피라미며 미꾸라지
닥치는 대로 집어넣는다
열매를 흉내 내기 전에는 한 송이 꽃봉오리였다는
듯이
 벌 나비 수도 없이 들락거렸다는 듯이

노을 받은 커다란 열매들은
제 꽃잎으로 강물을 찍어 올려 닦고 또 닦는다
간혹 꽃 이파리를 물속에 집어넣어
뿌리 근처에 붙여보기도 하는 횃불 같은 열매들
그러다간 겨드랑이에 꽃잎을 묻고

몽당연필 같은 뿌리로 강물을 빨아올린다

끝내 숲이 되리라
울음소리에서 장작 타는 냄새 피어오른다
강 안개 속에는, 후드득 후드득
열매 떨어지는 소리 그득하다

대통밥

화살도 싫고 창도 싫다
마디마디 밥 한 그릇 품기까지
수천 년을 비워왔다
합죽선도 싫고 죽부인도 싫다
모든 열매들에게 물어봐라
제가 세상의 허기를 어루만지는
밥이라고 으스대리니, 이제
더는 무엇이 되고 싶지 않다
땔감도 못 되는 빈 몸뚱어리가
밥그릇이 되었다 층층 밥솥이 되었다
더 무엇을 바라겠느냐
칼집처럼 식식대는 사람아
내가 네 밥이다 농담도 건네며
아궁이처럼 큰 숨 들이마셔라
불길을 재우고 뜸들일 줄 알면
스스로 밥이 된 것이다
하늘 끝 푸른 굴뚝까지
칸칸의 방고래마다 밥솥을 걸고

품바, 품바, 품바
푸르게 타오르는 통 큰 대나무들

손님

누가 온다고나 해야
집 안 꼴이
매무새를 다잡듯

흙한테도
손님이 있어야 하는 겨

내 손톱 밑을 거쳐 간
흙을 다 모으면

느이 이가네 논밭
한 해 客土는 거뜬할 겨

반백 년을
이 집서 살었는디

이 에미는
워째 손님만 같다냐

이러다,
느이 종중 산에 객토할라

가을비

단 한 번의
빗나감도 없이
오직 정타뿐이어서

벌레 한 마리
다치지 않는
저 참깨 터는 소리

불길 헤집던 부지깽이가
나이테도 없는 빈 대공을
어루는 소리

골다공증의 뼈마디와
곳간 열어젖힌 꼬투리가
긴 숨 내쉬는 소리

비운 것들의
복주머니 속으로만

저 초가을 빗소리

行山에 가면

몇 백 년 묵은 느티나무 다섯 그루
그 그늘에 돌 의자 여섯 덩이
가운데 너른 돌은 식탁이라, 술병 여남은과
안주 두어 접시는 족하게 품는다
둘러앉은 골 진 이마 위에 병따개 하나
느티나무 가지에 검정 고무줄로 묶여 있다
오래 기다린 양 물집이 잡힌 병따개
애고 좋아라 그래도 병뚜껑 하나 열릴 때마다
느티나무 속으로 일순 솟구쳐 오른다
여기도 빈집이네 까치집도 두드리는지
삭정이 쏟아져 망둥이 안주에 박히기도 한다
술 떨어지자 병따개나 당겼다 놓았다 하던
병어란 놈이 한마디 건넨다
오래 기다렸나부다야
검정 고무줄에 주름살이 자글자글하다잉
지랄허네 그 검정 고무줄이
집 나간 니 마누라 빤스 줄이라도 되냐
화장한 지 얼마나 오래됐는지 흰 분칠도 다 뭉개졌

다잉

  지랄 육갑 그만 떨고 호박다방 미스 최한테
  핸드폰이나 때려라 맥주나 한 박스 싣고 오라고
  다시 뻥치는 소리 커지며 병따개 오르락내리락 한다
  최양아 당겼다 놓았다 그만 주물럭거려라
  느티나무가 끈적끈적하게 널 훔쳐본다야
  그러다 느티나무한테 물총 맞것다, 째깐한 최양
  오토바이가 엄청 예쁜 여기 行山에 오면
  웬만한 뚜껑은 다 열려서
  마음 왁자하게 가을물 든다

풀뿌리의 힘

불구덩이를
지나온 기왓장

그 불기운을 빨아올려야겠다고
대웅전 기와지붕 위에서 풀들이 자란다

(뿌리가 들린 生은
불기운을 먹고 자란다)

그러나,
저 허공에 떠 있는
풀뿌리의 힘으로

부처의 이마엔 주름이 없다

| 해설 |

따뜻한 구상(具象)

이 혜 원

『의자』는 이정록의 다섯번째 시집이다. 첫 시집을 내놓고 만 10년이 넘어가는 지점에서 내놓는 다섯번째의 시집이라 여러 가지로 의미가 크다. 짧지 않은 기간 동안 적지 않게 써왔던 그간의 시들을 돌아보는 감회 또한 적지 않을 것으로 짐작된다. 소략하게나마 그간의 시적 행보를 더듬어보는 것이 늘 부지런하게 정진하는 시인의 속도에 호흡을 맞출 수 있는 준비가 될 것 같다.

그동안 내놓은 시집들을 일별하니 재미있는 사실이 눈에 띈다. 시집 제목이 차례로 『벌레의 집은 아늑하다』 『풋사과의 주름살』 『버드나무 껍질에 세들고 싶다』 『제비꽃 여인숙』이어서, 대개 작고 보잘것없는 자연과 그곳에 깃들고 싶은 소망을 드러내고 있다.

첫 시집의 제목은 등단작인 「穴居時代」에 나오는 구절

이다. 저마다 잘 어울리는 집 한 채를 갖고 사는 벌레들을 보며 "벌레들의 방은 참 아늑하다"라는 감탄과 함께 "우리들의 가슴속에도/제 집인 양 덩치를 키워 온/수많은 벌레들 으쓱거린다"는 통찰을 행하고 있다. 자연 친화적인 시인의 눈길 속에서 자족적이고 원만한 자연은 인간의 삶에서 결여되어 있는 질서와 조화를 구현해 보인다. 첫 시집에서 두드러진 자연에 대한 섬세한 관찰은 불완전한 인간의 삶에 대한 각성의 계기로 작동한다.

두번째 시집 『풋사과의 주름살』의 표제작에서는 떫고 비려 먹지 않았던 풋사과가 오랫동안 주름살 밑에 쟁여놓은 단맛을 확인할 때 느낀 놀라움을 그리고 있다. "주름살이란 것/內部로 가는 길이구나/鳶 살처럼, 內面을 버팅겨주는 힘줄이구나"라는 시인 특유의 발견의 어법을 통해 현상의 이면에 놓인 삶의 이치를 이끌어낸다. 여전히 자연물을 응시하면서 좀더 깊게 그 내면까지 도달하려는 시선을 엿볼 수 있다.

'내부로 가는 길'에서 변화의 가능성을 발견한 시인은 세번째 시집 『버드나무 껍질에 세들고 싶다』에서 가족사의 그늘을 회상하며 죽음의 충동을 딛고 삶을 긍정하게 된 사정을 반추한다. "번데기로 살 수 있다면/버드나무 껍질에 세들고 싶다"는 바람 속에는 혹독한 시련을 딛고 더욱 결이 환해지는 버드나무의 강인한 생명력에 대한 동일시의 욕망이 담겨 있다.

할머니에서 어머니로 이어지는 모성에 대한 믿음과 사랑은 그의 시와 삶을 지탱한 중요한 원천이다. 네번째 시집 『제비꽃 여인숙』에서는 시인의 가계뿐 아니라 자연에서도 두루 발견되는 위대한 모성에 대한 지극한 성찰을 드러낸다. "어미의 부리가/닿는 곳마다//별이 뜬다"(「줄탁」) 같은 절제된 구절에서도, 자연과 인간의 생장 과정에 동일하게 적용되는 모성의 적극적인 작용을 감지할 수 있다.

이제까지 이정록의 시는 자연과 일상의 구체적인 체험과 관찰을 통해 삶의 의미를 포착해왔다. 그의 시에서 유난히 거주에 대한 언급이 많은 것은 삶의 본질로 곧장 육박해가는 사유의 특성에 기인하는 것으로 보인다. 어떤 보잘것없는 생명이나 사소한 사건일지라도 시인의 집요한 시선에 이끌리면 의미심장한 삶의 증거가 된다. 대상과 자아의 일체감을 통해 삶의 의미를 이끌어내는 그의 일관된 시작 방식은 서정시에서 익숙한 동일성의 시학을 충실하게 실현하고 있다. 시인이 확고하게 인식하는 삶의 동일성은 그의 시에 구체적인 형상과 완결된 구조를 부여한다. 그의 시는 한 편 한 편 정연하게 그려진 구상화를 연상시킨다. 치밀한 관찰과 섬세한 묘사는 표현력이 돋보이는 구상으로 실현된다. 이는 추상이나 초현실주의 풍의 시가 넘쳐나는 요즘 우리 시의 전반적인 경향으로 볼 때 상당히 고전적인 기풍으로 여겨진다.

요즘 시들의 추상화(抽象化)는 실재성에 대한 의심에서 시작된 추상화(抽象畵)의 시작과 흡사한 면이 있다. 대상의 묘사가 과연 의미 있는 재현인가가 의심되면서 화가들은 묘사의 구체성에서 벗어나 순수한 조형을 지향하고 이를 통해 정신의 자유를 누릴 수 있게 된다. 추상화에는 조형의 원리를 질서 있게 재구성한 이지적이고 절제된 '차가운 추상'이 있고 내면의 열정과 충동을 표현한 '뜨거운 추상'이 있다. 요즘 추상화 경향을 보이는 우리 시에 대해서도 비슷한 구분이 가능할 것 같다. 재현의 방식에서 벗어난 독자적인 질서 속에서 추상은 예술가의 개성과 감성에 따라 차가운 모습이 될 수도 뜨거운 모습이 될 수도 있는 것이다.

  이정록의 시는 그림으로 비유하자면 상당히 정밀한 구상화에 가깝다. 주로 자연을 그리지만 단순한 풍경화와는 다르다. 그의 시는 박수근의 그림처럼, 인간화된 자연 혹은 자연화된 인간을 연상시킨다. 자연에 대한 묘사 속에서도 늘 인간적 시선을 담아내며, 자연과 인간에게서 동일하게 연민과 공감을 끌어내는 그의 시를 '따뜻한 구상'이라 불러도 될 것이다. 추상화된 시에 익숙해진 눈에 그의 시는 자칫 이미 낡은 양식으로 보일 수도 있다. 그러나 구상적일수록 표현력의 차이가 여실히 드러나는 그림과 마찬가지로, 그의 시가 보여주는, 대상에 대한 탁월한 묘파는 그의 관찰력과 통찰력을 믿을 만하게 한다.

이번 시집에서도 '따뜻한 구상'의 방식은 여전히 이어지지만, 시집 제목이 『의자』가 된 것은 다소 변화를 반영한다. 그의 시집 제목에 처음으로 무생물이, 그것도 단독으로 사용되었다. 그러나 이 제목 역시 범상한 사물을 통해 '안주'의 소망을 암시하고 있다는 점에서는 앞선 시집들의 맥을 잇고 있다.

    허리가 아프니까
    세상이 다 의자로 보여야
    꽃도 열매도, 그게 다
    의자에 앉아 있는 것이여

    주말엔
    아버지 산소 좀 다녀와라
    그래도 큰애 네가
    아버지한테는 좋은 의자 아녔냐

    이따가 침 맞고 와서는
    참외밭에 지푸라기도 깔고
    호박에 똬리도 받쳐야겠다
    그것들도 식군데 의자를 내줘야지

    싸우지 말고 살아라

> 결혼하고 애 낳고 사는 게 별거냐
> 그늘 좋고 풍경 좋은 데다가
> 의자 몇 개 내놓는 거여 ─「의자」부분

　시인이 종종 끌어다 쓰는 어머니의 말투에 의해, 의자는 고달픈 삶을 지켜주는 안식처로 선명하게 각인된다. 동병상련의 눈길로 볼 때 세상 만물은 저마다 힘겨운 삶을 지탱하고 있는 것이다. 이 시에서 주목해보아야 할 부분은 고통의 체험으로 인해 꽃도 열매도 다 의자에 앉아 있는 것이라는 공감과 연민의 정서를 일으키고, 나아가 참외와 호박에도 의자를 내줘야겠다고 다짐하는 장면이다. 자비심의 발단이라고 할 수 있는 이런 배려의 자세는 자아를 확대하여 타자와 함께 조화로운 삶을 도모할 수 있는 방안이다. 이는 경쟁과 차별에 의해 불화가 증식되어가는 현대적 삶과는 전혀 다른 삶의 방식이라 할 수 있다. 배려의 윤리는 현대 사회가 결여하고 있는 이해와 포용의 가치로서, 차별을 넘어서 공생할 수 있는 예지를 내포한다. 이 시의 의자는 자신의 고통을 통해 타자의 고통을 이해하고, 서로 의지가 되어줄 수 있는 배려의 지혜를 담고 있다.

　시인에게 삶은 서로에게 의자가 되어주는 배려와 연민으로 지각된다. 삶을 지켜주는 것은 경쟁과 차별에서 이길 수 있도록 해주는 차가운 이성이 아니라 고통을 나누고 위로할 수 있는 따뜻한 감성이다. "진리는 내 머릿속이 아니라/내 머리맡에 있던 따뜻한 손길과 목소리"(「머리맡에 대하여」)라는 단언처럼, 자애와 연민이야말로 이성을 능가하는 삶의 동력이다. "하고많은 꿈 중에 내 꿈 하나는, 오도독오도독 생쌀을 씹으며 돌아가는 서늘한 밤을 건네주고 싶은 것이다 이미 멈춰버린 가슴속 발동기에 시동을 걸어주고, 어깨 처진 사람들의 등줄기나 사타구니에 왕겨 한 줌 집어넣는 것이다 웃통을 벗어 달빛을 털기도 하고 서로의 옷에서 검불도 떼어주는 어깨동무의 밤길을 돌려주고 싶은 것이다"(「좋은 술집」)라는 시인의 꿈은, 어찌 보면 지나치게 소박하고 구시대적인 감성인 듯하다. 그러나 모두가 마음속에 묻어놓고 감히 발설하지 못하는 이런 끈끈한 공감과 따뜻한 위안에 대한 바람을 그는 분명하게 확인시킨다.

그의 시에서 보이는 공감과 연민의 정서가 당위의 도덕률을 넘어 설득력을 지니는 것은, 그것이 상처와 실패를 딛고 일어설 때의 남다른 의지와 깨달음을 내포하고 있기 때문이다.

> 해바라기의 올곧은 열정이/해바라기의 목을 휘게 한다/
> 그렇다, 고추도 햇살 쪽으로/몸을 디밀어 올린 것이다/
> 그 끝없는 깡다구가 고추를 붉게 익힌 것이다/
> 구부러지는 힘으로 고추는 죽어서도 맵다
> ―「구부러진다는 것」 부분

오도독뼈 박힌 놈이 맛도 좋은 겨/실패라는 게 삼겹살 같은 거지/

흠칫 소주를 들이붓는데, 철망 아래/첫 가지치기로 잘려 나온 여린 가지들/

잎눈 꽃눈부터 스러진다
　　　　　—「여린 나뭇가지로 고기를 굽다」 부분

옷은 제 상처로 사람을 철들게 한다/한 땀 한 땀 옷을 꿰매던 사람/

누더기 많은 어둔 세상에/등 하나 내다 건다
　　　　　　　　　　　　—「옷」 부분

시인의 눈에 비치는 세상 만물은 저마다 쓰라린 상처를 딛고 성장한다. 해바라기나 고추는 햇살을 향한 올곧은 열정으로 인해 구부러지는 고통을 감수하지만, 또 구부러짐으로 인해 단단하게 결실을 맺을 수 있다. 실패의 경험이 깊은 맛을 숙성시킨다는 주장은 삼겹살에도 그대로 적용된다. 그 삼겹살을 굽는 여린 나뭇가지 역시 가지치기의 고통을 겪으며 성숙하게 된다. 아픈 만큼 성숙해진다는 삶의 법칙은 심지어 옷의 바느질에도 적용된다. 한 땀씩 이어지는 고통스런 박음질을 통해 옷이 완성될 수 있다는 시련의 원칙은 한평생 바느질을 해온 봉제사를 장애인 후원회장으로 성숙시킨다. 고통을 이해하는 자만이 고통받는 자들과 함께할 수 있는 것이다. "애들 가르치는 일도 글 쓰는 일도/못 자국 많은 사람을 따라가는 것"(「못 자국을 따라서」)임을 확신하는 시인은 고통의 체험을 삶의 스승으로 여긴다.

  이정록의 시에서 볼 수 있는 따뜻한 감성은 고통이나 고독 같은 삶의 그늘을 공유하는 자들끼리 나누는 연민과 유대에 기인한다. 고통과 비애를 인간뿐 아니라 만물에 편재하는 것으로 인식하는 그의 시에서 인간과 자연 사이의 교감은 지극히 자연스럽게 이루어진다.

    할아버지가 숨을 놓자
    혼자 살던 집에 사람 북적인다

    저렇게
    食口가 많았던가

    가까이 다가서니
    언제부터 펄럭였나
    빛바랜 달력 한 장

      빈방 잇슴
    보이라 절절 끄름

> 목련나무의 빈방 안에서
> 곡소리 새어 나온다
>
> 건을 벗어
> 問喪하는 목련꽃 이파리들
> ─「목련나무엔 빈방이 많다」 부분

 이 시 역시 특유의 구상화 방식으로 목련나무와 할아버지 사이의 따뜻한 유대감을 그리고 있다. 혼자 살던 할아버지의 고독은 그의 사후에 갑작스럽게 북적이는 사람들로 인해 더욱 강조된다. 식구들의 빈자리를 증명하던 빈방은 서툰 글씨로 사람을 들이고자 했던 할아버지의 필적으로 인해 한층 애잔함을 불러일으킨다. 사후에 모여든 사람들보다 더 절실하게 할아버지를 조문하는 것은 늘 그의 낡은 기와집을 지키며 함께했던 목련나무이다. 빈방을 많이 거느린 목련나무도 할아버지의 고독과 비애에 무감할 수 없다. "건을 벗어/問喪하는 목련꽃 이파리들"에서는 목련꽃잎과 망건의 유사성에 대한 절묘한 포착 이상으로, 고독과 소멸의 운명을 통해 교감하는 인간과 자연의 끈끈한 유대에 대한 통찰의 깊이를 입증한다.
 이정록 시에서 볼 수 있는 자유롭고 활달한 상상력은 위의 시에서처럼 인간과 사물 사이에 차별을 두지 않는 열린 시각과 사유에 의해 가능하다. 그의 시에서는 가령 콩나물조차 "노란 조막손을/머리통 속에 디밀어 넣은 동승들"로 "스스로/다비식의 젖은 장작이 될/저 빼곡한 법당들"(「콩나물」)로 인식되거나, 단무지는 "광활한 하늘 밑 바닥이 제 근본이 어딘지/단 한 줄의 나이테로 표시해놓"(「단무지」)은 지혜로운 학생부군으로 숭앙받는다. 심지어 "막힘이나 가둠이 없는 것이/정작 문 없는 큰문이라, 그러니/때가 때를 만나기를 골백번/길이 난다는 것은 빛을 주고받는 것이다"(「신의 뒤편」)에서 신〔靴〕은 신(神)의 경지와 겹쳐지고 있다. 시인은 인간과 인간뿐 아니라 인간과 자연, 나아가 생물과 무생물 간의 어떤 차별도 인정하지 않고 공평한 눈으로 각자의 본성을 보려 한다. 편견을 버리고 볼 때 만물은 저마다의 본성을 실현하며 자족적으로 살아가는 지혜로운 존재로 인식된다. 그의 시에서 인간이 배제된 자연은 특히 원만하고 평화로운 정경으로 그려진다.

안마당을 두드리고 소나기 지나가자 놀란 지렁이 몇 마리 서둘러 기어간다 방금 알을 낳은 암탉이 성큼성큼 뛰어와 지렁이를 삼키고선 연필 다듬듯 부리를 문지른다

천둥 번개에 비틀거리던 하늘이 그 부리 끝을 중심으로 수평을 잡는다 개구리 한 마리 안마당에 패대기친 수탉이

활개치며 울어 제끼자 울 밑 봉숭아며 물앵두 이파리가 빗 방울을 내려놓는다 병아리들이 엄마 아빠 섞어 부르며 키질 위 메주콩처럼 몰려다닌다

　모낸 무논의 물살이 파르라니 떨린다 온몸에 초록 침을 맞은 하늘이 파랗게 질려 있다 침 놓은 자리로 엄살엄살 구름 몇이 다가간다 개구리 똥꼬가 알 낳느라고 참 간지러웠겠다 암탉이 고개를 끄덕이며 무논 쪽을 내다본다
　　　　　　　　　　　　　—「비 그친 뒤」 전문

　이 시에서 그려지는 평범한 농촌 마을의 정경 속에는 사람의 그림자가 비치지 않는다. 사람이 빠져 있음으로 해서 더욱 평화롭고 자족적인 분위기를 연출하는 이 시에서, 부분으로 전체를 대변하는 제유의 수사학을 살필 수 있다. 즉 이 시에서 그려지는 평화로운 농촌의 모습은 충만한 우주의 축소판인 것이다. 그의 시에서 자연은 저마다 있어야 할 자리에서 조화롭게 공존하는 자족적인 세계이다. 다른 시에서도 "단 한 번의/빗나감도 없이/오직 정타뿐"(「가을비」)인 것으로 표현되는 비를 비롯하여 지렁이, 닭, 병아리, 개구리 등 모든 구성물들은 소박하기 그지없지만 온전한 조화를 이루고 있다. 범박한 자연의 구성물들이 무심하게 병치되면서 이루는 조화와 질서는 자연 본유의 자족적인 상태를 그려 보인다.

조화롭고 충만한 자연의 본성과 호응하는 데서 오는 긍정의 시학으로 인해 그의 시에는 따뜻한 웃음과 해학이 넘친다. 자연 상태라 할 수 있는 동심의 시선이 맑고 천진한 웃음을 낳는다. 위의 시에서도 모낸 무논에 비친 하늘이 초록 침을 맞고 파랗게 질려 있다는 표현이나 그곳에 알을 낳은 개구리의 똥꼬가 간지러웠겠다는 발상에는 어린아이 같은 장난기가 서려 있다. 자연에 과도한 존엄성이나 거리감을 부여하기보다는 소박하고 친근하게 접근하는 이와 같은 방식이야말로 자연의 본성에 쉽게 도달할 수 있게 한다. "그대여/모든 게 순간이었다고 말하지 마라/달은 윙크 한 번 하는데 한 달이나 걸린다"(「더딘 사랑」)라든지 "천이백세 살 먹은/내 애인 용봉사 마애불은/천 년 넘게 돌이끼를 입고 서 있다/돌이끼의 수명이 삼천 살 정도라니/내 생애에 옷 한 벌 해 입히기는 글렀다"(「애인」)는 식의 능청스러움과 장난기는 어떤 권위나 차별도 인정하지 않고 대상과 대등하게 눈높이를 맞추는 자유로운 사유에 의해 가능하다.

 그의 자유로운 정신이 오갈 수 있는 상상의 영역은 거시적인 세계로부터 극히 미시적인 세계에 이르기까지 그 진폭이 매우 넓다. 크고 더딘 자연의 리듬에도 익숙한 시인의 상상력은 한 달이 걸리는 달의 윙크 시간을 감지하거나 마애불의 천 년 넘은 돌이끼 옷을 갈아입혀볼 생각을 일으키기도 한다. 「산굼부리」에서는 "수십만 년 전에 마그

마를 뿜어낸/굼부리의 커다란 구멍인 것을 모를까마는/산굼부리 산굼부리 입에 넣고 읊조리다 보면/산굼이란 커다란 새가 바다를 차고 오를 것만 같다"는 활달한 상상을, "자판기에 동전이나 들이미는 우리들이/어찌 알리, 새의 물렁뼈와 잇닿은/사람의 뼈마디로도 천년수가 흐른다는 것을/우리들 젖은 눈망울에서/세상의 갈증이 끝장나리라는 것을"이라 하여 현재의 시점과도 자연스럽게 결합시키고 있다. 우표의 뒷면이 얼어붙은 호수 같다는 발상에서 착안하여 "저 얼음 우표가 봄으로 가듯/나의 경계도 소통을 꿈꾼다"(「우표」)에서도 미시적인 세계를 확장시키는 상상의 역동성을 살필 수 있다. 시인의 섬세하고 참신한 시선은 눈길이 머무는 어떤 대상에서도 삶에 대한 의미 있는 성찰을 이끌어낸다. 「回春」에서는 노인정으로 가는 비탈길에서 주차된 자동차 바퀴마다 맞물려 있는 검은 돌멩이들을 보며 "회춘이란 후진해서는 안 될 비탈/바퀴 아래로 다시 뛰어드는 것"이란 각성을 드러내고 있다.

  눈길이 닿는 모든 대상에서 삶의 지혜를 이끌어내는 그의 시는 현재의 삶이 결여하고 있는 따뜻하고 생명력 넘치는 세계를 지향하며 생명의 영원한 지속을 긍정하는 선한 믿음을 드러낸다. 그의 시에서 '햇살'이나 '날개' 같은 따뜻한 상징이 두드러지는 것은 이 때문이다.

  날고 싶은 것들이 죽어 흙이 되면 기왓장으로 태어난다

절 마당 가득한 저 기왓장들은 곧 하늘로 날아오를 것이
다 새를 꿈꾸던 영혼의 깃털마다 가족 이름과 골목길 복잡
한 주소들이 적혀 있다 커다란 새 한 마리가 갈비뼈 뒤편에
업장을 서려 물고 있는 것이다
　　날고 싶던 것들의 극락왕생에 낙서하지 마라 목어처럼 텅
빈 새의 뱃속에 알처럼 웅크리고 있다가, 법당 문이나 환하
게 열어젖혀라 그리하여 그 새 똥구멍으로 들이치는 찬란한
햇살에 눈이나 부비거라　　　──「햇살의 經文」 전문

　절집의 기왓장에서 날개의 꿈을 읽는 것에서도 생명의
영원성에 대한 시인의 믿음을 엿볼 수 있다. 거대한 새의
날개처럼 펼쳐져 있는 기왓장에서 그는 '새를 꿈꾸던 영
혼'을 발견한다. 그런데 그는 특유의 세밀한 관찰로 기왓
장마다 새겨져 있는 기부자들의 이름과 주소에 대한 불만
을 토로한다. 인간들의 세속적인 욕망이 행여 새의 오랜
극락왕생의 꿈을 어지럽힐까 저어하는 것이다. 눈부신 날
갯짓으로 날아오를 새의 상상은 '찬란한 햇살'의 이미지로
인해 더욱 활기를 띤다. 그의 시에서 햇살은 차갑고 힘겨
운 시련의 삶을 떨치고 나아가게 하는 가장 강력한 동력으
로 자리한다. "우글거리던 햇살의 도가니, 그 밑자리로/
응달은 겨울잠 자러 가는 실뱀처럼 꼬리를 감춘다"(「햇살
은 어디로 모이나」)나 "시린 철새의 발가락도 보였다/깃털
속으로 햇살 들이쳤다"(「결」)에서처럼 햇살은 차가움을

몰아내는 온기의 원천이다. '해'나 '햇빛'이 아니라 '햇살' 만을 고집할 때 시인이 의도하는 따스한 온기의 감각적 작용 또한 주목해보아야 할 것이다. 그에게는 시각과 이성 같은 근대적인 지각보다 촉각이나 감성 같은 전근대적인 지각이 생명의 영속에 기여할 수 있는, 보다 근원적인 가치로 인식되는 것이다.

  규정하기 어려울 정도로 빠른 속도로 변모해가고 있는 오늘날의 삶은 차갑고 난해한 추상화와 유사하다. 최근 우리 시에서 그로테스크한 상상이나 초현실적인 이미지가 증대하고 있는 것은 이러한 시대의 흐름과 무관하지 않아 보인다. 이정록의 시처럼 명료한 구상을 고수하는 시들은 점점 희귀해져간다. 차가운 세상 속에 온기와 웃음을 전하는 그의 따뜻한 구상의 시는 더욱 절실해질 것이다.